BEI GRIN MACHT SICH IHR
WISSEN BEZAHLT

- Wir veröffentlichen Ihre Hausarbeit,
  Bachelor- und Masterarbeit

- Ihr eigenes eBook und Buch -
  weltweit in allen wichtigen Shops

- Verdienen Sie an jedem Verkauf

Jetzt bei www.GRIN.com hochladen
und kostenlos publizieren

Tamara Bauer

Poetologische Aspekte in Gedichten von Rose Ausländer

GRIN Verlag

Bibliografische Information der Deutschen Nationalbibliothek:

Die Deutsche Bibliothek verzeichnet diese Publikation in der Deutschen National-
bibliografie; detaillierte bibliografische Daten sind im Internet über http://dnb.d-
nb.de/ abrufbar.

Impressum:

Copyright © 2005 GRIN Verlag GmbH
Druck und Bindung: Books on Demand GmbH, Norderstedt Germany
ISBN: 978-3-656-47410-4

Dieses Buch bei GRIN:

http://www.grin.com/de/e-book/230965/poetologische-aspekte-in-gedichten-von-
rose-auslaender

GRIN - Your knowledge has value

Der GRIN Verlag publiziert seit 1998 wissenschaftliche Arbeiten von Studenten, Hochschullehrern und anderen Akademikern als eBook und gedrucktes Buch. Die Verlagswebsite www.grin.com ist die ideale Plattform zur Veröffentlichung von Hausarbeiten, Abschlussarbeiten, wissenschaftlichen Aufsätzen, Dissertationen und Fachbüchern.

Besuchen Sie uns im Internet:

http://www.grin.com/

http://www.facebook.com/grincom

http://www.twitter.com/grin_com

Poetologische Aspekte in Gedichten von Rose Ausländer

Inhaltsverzeichnis

    Meine Nachtigall

    Mutter Sprache

    Mutterland

    Der Vater

    Bukowina II

    Bukowina III

1. Einführung

Diese Hausarbeit beschäftigt sich mit den poetologischen Aspekten in der Lyrik der deutschsprachigen Jüdin Rose Ausländer. Olaf Hildebrand versucht den Begriff der poetologischen Lyrik in seiner Schrift *Poetologische Lyrik von Klopstock bis Grünbein[1]* zu definieren. Poetologischer Lyrik ist eine „Sonderform dichterischer Selbstreflexion"[2]. Alfred Weber und Walter Hinck dagegen vertreten in ihrer Publikation *Poetologische Gedichte und Künstlererzählungen als Dokumente der Poetik[3]* einen weitläufigeren Begriff von poetologischer Lyrik. Für sie zählen zur poetologischen Lyrik „alle Gedichte, die sich entweder mit dem Dichter (seiner Aufgabe und Funktion), dem Dichten (dem schöpferischen Prozeß und seinen Wegen) und mit dem Werk der Dichtung (seiner Form und seinen sprachlichen Mitteln) befassen."[4] Die vorliegende Hausarbeit orientiert sich jedoch eher an der Definition Olaf Hildebrands. Es wird nach Einflüssen gefragt, die Rose Ausländer in ihren poetologischen Gedichten reflektiert.

Wie die Forschungsliteratur zeigt, wurde das Schreiben Rose Ausländers am stärksten von ihren Erfahrungen und Erlebnissen während des Zweiten Weltkrieges beeinflusst. Dies ist jedoch nicht der einzige Faktor, der ihr Schreiben formte. Da Rose Ausländer schon lange vor dem Zweiten Weltkrieg Gedichte verfasste, muss es noch andere Faktoren, außer dem Zweiten Weltkrieg, geben die Rose Ausländers Schreiben prägten oder gar erst veranlassten. In der Hausarbeit werden insbesondere diese poetologischen Aspekte untersucht.

Insbesondere Helmut Braun, der Rose Ausländer persönlich kannte und noch heute ihren literarischen Nachlass verwaltet, trug zur Erforschung der Lyrik Rose Ausländers bei. In Publikationen, wie *Worte stark wie der Atem der Erde[5]* sammelte er wichtige Beiträge zu Leben und Werk der Autorin.

In ihrer Biographie „*Es ist ein Aschensommer in der Welt"[6]* gibt Cilly Helfrich eine detaillierte Auskunft über das Leben der Rose Ausländer.

---

[1] Hildebrand, Olaf: *Poetologische Lyrik von Klopstock bis Grünbein. Gedichte und Interpretationen.* Köln 2003.
[2] Ebd. Seite 1.
[3] Weber, Alfred: *Poetologische Gedichte und Künstlererziehungen als Dokumente der Poetik.* In: Schuhmann, Kuno (Hrsg.): *Anglistentag 1978. Berichte und Protokolle.* Seite 67–85. Berlin 1979.
[4] Ebd. (Anm. 2), Seite 181.
[5] Braun, Helmut: *Worte stark wie der Atem der Erde. Beiträge zu Leben und Werk der jüdischen Dichterin Rose Ausländer.* Trier 1994.
[6] Helfrich, Cilly: „*Es ist ein Aschensommer in der Welt." Rose Ausländer. Biographie.* Berlin 1995.

3

Was den Bereich der poetologischen Sprache anbelangt, leisteten Gabriele Köhl und Annette Lehmann wichtige Forschungsbeiträge. In *Die Bedeutung der Sprache in der Lyrik Rose Ausländers*[7] untersucht Köhl unter anderem ausführlich die klanglichen und semantischen Aspekte in Rose Ausländers Gedichten. Lehmann widmet sich in ihrer Abhandlung *Im Zeichen der Shoah*[8] der Dichtungs- und Sprachkrise Rose Ausländers als Folge der Kriegserfahrungen. Beide Arbeiten fokussieren den Einfluss des Zweiten Weltkrieges. Welchen Einfluss beispielsweise die Eltern oder die mehrsprachige Bukowina auf das Schreiben Rose Ausländers hatten, untersuchen Köhl und Lehmann nicht.

In dieser Hausarbeit wird daher eine weitläufigere Darstellung der wichtigsten poetologischen Aspekte vorgenommen. Zu diesen Aspekten zählen die Sprachthematik in Verbindung mit dem Einfluss der Mutter, die Heimatthematik sowie die Abstammungsthematik als eine Auswirkung der Kriegserfahrungen. Diese Aspekte werden exemplarisch an den Gedichten *Meine Nachtigall*[9], *Mutter Sprache*[10], *Mutterland*[11], *Der Vater*[12], *Bukowina II*[13] und *Bukowina III*[14] verdeutlicht.

Zum Einstieg wird das Gedicht *Meine Nachtigall*[15] formal analysiert. Der Aufbau des Gedichtes, die Vers- und Satzstrukturen, die Aussageinstanzen, sowie die rhetorischen Figuren werden beschrieben. Da sich der Fokus der Hausarbeit auf die poetologischen Aspekte richtet, wird sich die Analyse auf ein Gedicht beschränken. Für die formale Analyse wurde das Gedicht *Meine Nachtigall*[16] ausgewählt, da dieses im Zentrum der Untersuchung auf poetologische Aspekte stehen wird.

Auf die formale Analyse folgt die Interpretation des Gedichtes. *Meine Nachtigall*[17] wird auf die poetologischen Aspekte Sprachthematik, Heimatthematik und Abstammungsthematik untersucht. Zur Verdeutlichung der einzelnen Aspekte werden weitere Gedichte Rose Ausländers hinzugezogen, die

---

[7] Köhl, Gabriele: *Die Bedeutung der Sprache in der Lyrik Rose Ausländers*. Pfaffenweiler 1993.
[8] Lehmann, Annette: *Im Zeichen der Shoah. Aspekte der Dichtungs- und Sprachkrise bei Rose Ausländer und Nelly Sachs*. Tübingen 1999.
[9] Ausländer, Rose: *Blinder Sommer*. Frankfurt am Main 1987.
[10] Ausländer, Rose: *Doppelspiel*. Frankfurt am Main 1977.
[11] Ausländer, Rose: *Grüne Mutter Bukowina. Ausgewählte Gedichte und Prosa*. Aachen 2004.
[12] Ebd.
[13] Ebd.
[14] Ebd.
[15] Ausländer, Rose: *Blinder Sommer*. Frankfurt am Main 1965.
[16] Ebd.
[17] Ebd.

im Anhang dieser Arbeit zu finden sind. Die Sprachthematik in *Meine Nachtigall*[18] wird an den Gedichte *Mutter Sprache*[19] und *Mutterland*[20] verdeutlicht. Vergleichend dazu wird der Einfluß des Vaters auf das Schreiben Rose Ausländers anhand des Gedichtes *Mein Vater*[21] untersucht. Die Heimatthematik in *Meine Nachtigall*[22] wird mit Hilfe der Gedichte *Bukowina II*[23] und *Bukowina III*[24] herausgearbeitet.

Um die wichtigsten poetologischen Aspekte zu vervollständigen wird auch auf den Einfluss des Zweiten Weltkrieges eingegangen. Der Einfluss des Zweiten Weltkrieges wird aus einer anderen Perspektive erfaßt. Die Abstammungsthematik ist unter anderem der Auslöser der Kriegserfahrung. Es wird untersucht, wie ihre jüdische Abstammung und die damit verbunden Kriegserfahrungen das Schreiben Rose Ausländers beeinflussen. Da die Abstammungsthematik in *Meine Nachtigall*[25] nur kurz angerissen wird, wird das Gedicht *Mutterland*[26] unterstützend hinzugezogen.

Im letzten Kapitel werden die wichtigsten Ergebnisse zur Untersuchung der poetologischen Aspekte Sprachthematik, Heimatthematik und Abstammungsthematik zusammengefasst und resümiert.

2. Die formale Analyse des Gedichtes *Meine Nachtigall*[27]

Da Rose Ausländer ihre Gedichte nur selten datierte[28], kann die Entstehungszeit von *Meine Nachtigall*[29] nur vage bestimmt werden. Vermutlich schrieb sie dieses Gedicht 1956. Seine Entstehung fällt damit in Rose Ausländers zweite Arbeitsperiode, die stark durch Paul Celan beeinflußt wurde.[30] *Meine Nachtigall*[31]

---

[18] Ebd.
[19] Ausländer, Rose: *Doppelspiel*. Frankfurt am Main 1977.
[20] Ausländer, Rose: *Grüne Mutter Bukowina. Ausgewählte Gedichte und Prosa*. Aachen 2004.
[21] Ebd.
[22] Ausländer, Rose: *Blinder Sommer*. Frankfurt am Main 1965.
[23] Ausländer, Rose: *Grüne Mutter Bukowina. Ausgewählte Gedichte und Prosa*. Aachen 2004.
[24] Ebd.
[25] Ausländer, Rose: *Blinder Sommer*. Frankfurt am Main 1965.
[26] Ausländer, Rose: *Grüne Mutter Bukowina. Ausgewählte Gedichte und Prosa*. Aachen 2004.
[27] Ausländer, Rose: *Blinder Sommer*. Frankfurt am Main 1965.
[28] Vgl. Köhl, Gabriele: *Die Bedeutung der Sprache in der Lyrik Rose Ausländers*. Pfaffenweiler 1993, Seite 225.
[29] Ausländer, Rose: *Blinder Sommer*. Frankfurt am Main 1965.
[30] Vgl. Köhl, Gabriele: *Die Bedeutung der Sprache in der Lyrik Rose Ausländers*. Pfaffenweiler 1993, Seite 128.
[31] Ausländer, Rose: *Blinder Sommer*. Frankfurt am Main 1965.

war eines ihrer ersten deutschsprachigen Gedichte nach dem Verlust der Muttersprache, da sie bis 1956 Gedichte ausschließlich in englischer Sprache verfasste.[32]

Meine Nachtigall[33] wurde 1965 in dem Gedichtband *Blinder Sommer*[34] erstmals veröffentlicht. Bei diesem Titel handelt es sich um einen Widerspruch in sich. Die negative Eigenschaft und die als positiv empfundene Jahreszeit stehen im Gegensatz zu einander. Der Titel impliziert eine Reduktion auf die Sinne Hören, Schmecken, Riechen und Fühlen. Der Sehsinn wird ausgeschaltet. In Bezug auf das Gedicht *Meine Nachtigall*[35] wird der eindrucksvolle Gesang der Nachtigall mit ihrem unscheinbaren Äußeren kontrastiert. Man muss die Nachtigall nicht unbedingt sehen können. Es genügt, wenn man sie hören kann.

2.1. Der Aufbau des Gedichtes

Meine Nachtigall[36] besteht aus 20 Versen. Diese sind auf drei Abschnitte verteilt. Die Form des Gedichtes passt sich dem Inhalt an, da „inhaltlich gewichtige Einschnitte durch eine Leerzeile hervorgehoben werden."[37]

Im ersten Abschnitt beschreibt Rose Ausländer die Jugendzeit ihrer Mutter. Der zweite Abschnitt spiegelt das Wesen der Mutter während der Mutterschaft wider. Wie Rose Ausländer den Einfluss der Mutter nach deren Tod wahrnimmt, ist im dritten Abschnitt dargestellt.

Hinsichtlich der Semantik findet man in *Meine Nachtigall*[38] viele Wörter, die typisch für Gedichte von Rose Ausländer sind. Viele ihrer Gedichte enthalten ein ähnliches semantisches Gerüst und sind dadurch miteinander verflochten.[39] Aus einer Art Wortpool sucht die Autorin passende Worte, welche sie dann in einem

---

[32] Vgl. Vogel, Harald; Gans, Michael: *Rose Ausländer lesen. Lesewege und Lesezeichen zum literarischen Werk.* Hohengehren 1997, Seite 117.
[33] Ausländer, Rose: *Blinder Sommer.* Frankfurt am Main 1965.
[34] Ebd.
[35] Ebd.
[36] Ebd.
[37] Vogel, Harald; Gans, Michael: *Rose Ausländer lesen. Lesewege und Lesezeichen zum literarischen Werk.* Hohengehren 1997, Seite 128.
[38] Ausländer, Rose: *Blinder Sommer.* Frankfurt am Main 1965.
[39] Vgl. Lehmann, Annette: *Im Zeichen der Shoah. Aspekte der Dichtungs- und Sprachkrise bei Rose Ausländer und Nelly Sachs.* Tübingen 1999, Seite 206.

Gedicht verarbeitet. Zu diesen Worten zählen die Begriffe „...Mutter...“[40],

„...gold-...“[41], „...Mensch /...“[42], „.../ Nacht...“[43] und „...Traumes /...“[44].[45]

2.2. Die Satzstruktur

Im ersten Abschnitt des Gedichtes *Meine Nachtigall*[46] findet man zwei Sätze, die

allerdings nicht durch Satzzeichen getrennt sind. Lediglich an der Großschreibung

des Artikels im zweiten Vers läßt sich ein neuer Satzanfang erkennen.

Es handelt sich um zwei Hauptsätze. Das Subjekt des zweiten Satzes setzt sich aus

mehreren Gliedern zusammen. Die Autorin wendet ein Asyndeton an.

Die Grenze des ersten Satzes stimmt mit der Versgrenze überein. Rose Ausländer

wendet in diesem Fall den sogenannten Zeilenstil an.[47]

Der zweite Satz reicht über zwei Versenden hinaus. Man spricht von

Enjambements.[48] Durch den Gebrauch der Enjambements grenzt Rose Ausländer

die einzelnen Syntagmen von einander ab. Die Wortgruppen werden als „separate

Einheiten wahrgenommen und auch als Teile einer Einheit.“[49] Die einzelnen

Syntagmen werden stärker betont. Die Enjambements haben außerdem

Auswirkungen auf den Rhythmus der Lektüre.

Der nächste Abschnitt besteht aus zwei Sätzen. In diesem Abschnitt sind die

einzigen Satzeichen des gesamten Gedichtes enthalten.

Der Gedankenstrich im ersten Satz hat zwei Funktionen. Zum einen signalisiert er

eine Unterbrechung des Redeflusses. Zum anderen verknüpft er zwei selbständig

Sätze miteinander. Bei dem Satzteil „.... / die Mitte war Mutter / ...“[50] handelt es

sich um eine Parenthese. Der siebte Vers des Gedichtes scheint Rose Ausländer

folglich besonders wichtig gewesen zu sein. Ein weiteres Zeichen dafür ist, dass

---

[40] Ausländer, Rose: *Meine Nachtigall,* Vers 1. In: Dies.: *Blinder Sommer.* Frankfurt am Main 1965.
[41] Ebd. Vers 2.
[42] Ebd. Vers 6.
[43] Ebd. Vers 11.
[44] Ebd. Vers 12.
[45] Köhl, Gabriele: *Die Bedeutung der Sprache in der Lyrik* Rose Ausländers. Pfaffenweiler 1993, Seite 139.
[46] Ausländer, Rose: *Blinder Sommer.* Frankfurt am Main 1965.
[47] Vgl. ebd. Seite 63.
[48] Vgl. ebd. Seite 65.
[49] Burdorf, Dieter: *Einführung in die Gedichtanalyse.* Stuttgart 1995, Seite 65.
[50] Ausländer, Rose: *Meine Nachtigall,* Vers 7. In: Dies.: *Blinder Sommer.* Frankfurt am Main 1965.

sich dieser Vers exakt in der Mitte des Abschnittes befindet. Betrachtet man die semantische Aussage des Satzteils „... / die Mitte war Mutter / ...“[51], wird deutlich, dass die Autorin die Form des Gedichtes seinem Inhalt angepasst hat.

Das zweite Satzzeichen in diesem Gedicht ist der Doppelpunkt im neunten Vers. Er deutet die direkte Rede der Mutter an. Der Doppelpunkt betont daher das dialogische Moment dieses Satzes.

Auch der zweite Abschnitt enthält Enjambements. Der erste Satz erstreckt sich über drei Verse. Der zweite Satz reicht über die Grenze des achten Verses hinaus. Was die Amplifikationsfiguren anbelangt, enthält der zweite Abschnitt eine Epanalepse im sechsten Vers. Des weiteren findet man im siebten Vers eine Inversion.

Der letzte Abschnitt enthält drei Sätze, wobei die Bestimmung der Satzanzahl nur ungenau sein kann. Rose Ausländer wendet eine nicht alltagssprachliche Syntax an, was das Bestimmen expliziter Satzgrenzen erschwert.

Insbesondere der dritte Satz, der im dreizehnten Vers beginnt, weicht von dem alltäglichen Satzbau ab. Dieser Satz ist eine Aneinanderreihung von mindestens drei Hauptsätzen, die jeweils mit den Worten „.../ sie singt... /“[52] eingeleitet werden. Diese Wortfigur wird als Anapher bezeichnet.

Das Ende des Satzes verliert sich in einer schwer zu definierenden lyrischen Syntax. Für die letzten Verse des Gedichtes gibt es zwei Lesarten. Der achtzehnte Vers kann einerseits als Zeugma gelesen werden. Andererseits kann man diese Stelle auch als Inversion verstehen.

2.3. Die Aussageinstanzen

In *Meine Nachtigall*[53] spricht ein lyrisches Ich. In der Lyrikforschung ist das lyrische Ich Thema einer eminenten Diskussion. Dieter Burdorf fasst diese Diskussion in seiner *Einführung in die Gedichtanalyse*[54] zusammen. Ein wesentlicher Streitpunkt ist, ob das lyrische Ich mit der Person des Autors übereinstimmt oder ob es sich hierbei um zwei voneinander zu differenzierenden

---

[51] Ebd. Vers 7.
[52] Ebd. Vers 13-15.
[53] Ausländer, Rose: *Blinder Sommer*. Frankfurt am Main 1965.
[54] Burdorf, Dieter: *Einführung in die Gedichtanalyse*. Stuttgart 1995.

Instanzen handelt.[55] Da die persönlichen Erfahrungen des Lesers die Lesart eines

Textes beeinflussen, wird im Folgenden das lyrische Ich vom realen Autor

unterschieden.

Das Leitmotiv des Gedichtes ist die Beziehung zur Mutter. Das lyrische Ich

erinnert sich an die Mutter und erzählt dem Leser von ihr.

Überwiegend spricht das lyrische Ich den Leser an. Lediglich im neunten Vers

ergibt sich ein dialogisches Moment.

In den ersten zwei Abschnitten schreibt Rose Ausländer im Präteritum, da das

lyrische Ich in diesen Abschnitten von der Vergangenheit berichtet. Nach dem

zweiten Abschnitt findet ein Tempuswechsel statt. Im dritten Abschnitt, in dem

das lyrische von der Gegenwart erzählt, verwendet die Autorin das Präsens.

2.4. Die rhetorischen Figuren

Rose Ausländer setzt in ihrem Gedicht *Meine Nachtigall*[56] vorwiegend

Alliterationen und Metaphern ein.

Im ersten Vers setzt sie eine Alliteration ein. Bei „Meine Mutter..."[57] wiederholt

sich der Anfangsbuchstabe /M/.

Im selben Vers verwendet Rose Ausländer auch die erste Metapher des Gedichtes.

Sie schreibt der Mutter die Eigenschaften eines Rehs zu. Diese Eigenschaften sind

Scheu, Sanftheit und Schönheit

„.../ die Mitte war Mutter /..."[58] im zweiten Abschnitt ist eine Alliteration.

Auffällig ist, dass der selbe Buchstabe alliteriert wird, wie im ersten Abschnitt.

Eine weitere Metapher befindet sich im neunten Vers. Die Nachtigall ist das

Symbol für die Poesie. Der herrliche Gesang der Nachtigall veranlasst zu

Assoziationen mit der Poesie. Obwohl sie optisch eher ein unscheinbarer Vogel

ist, gelingt es der Nachtigall mit ihrem Gesang auf sich aufmerksam zu machen.

Indem Rose Ausländer die Mutter im zehnten Vers als Nachtigall bezeichnet,

macht sie deutlich, wie sehr die Poesie und die Sprachthematik ihrer Lyrik an das

Bild der Mutter geknüpft sind.

---

[55] Vgl. ebd. Seite 186-193.
[56] Ausländer, Rose: *Blinder Sommer*. Frankfurt am Main 1965.
[57] Ausländer, Rose: *Meine Nachtigall*. Vers 1. In: Dies.: *Blinder Sommer*. Frankfurt am Main 1965.
[58] Ebd. Vers 7.

Eine Metapher, die an das Bild der Nachtigall anknüpft, ist der „...Garten..."[59] im zwölften Vers. Als Ort, an dem die Nachtigall anzutreffen ist, steht er für den Ort der Poesie. Assoziativ drängt sich dem Leser das Bild des Garten Edens auf.

In den Versen Dreizehn bis Sechzehn sind drei Alliterationen zu finden. Der Buchstabe /S/ wird in dem Satzteil „.../ Sie singt..."[60] wiederholt. Im sechzehnten Vers ist mit „...die Berge und Buchenwälder /..."[61] eine weitere Alliteration enthalten.

Im zwölften Vers findet man ein Paradoxon. Die Formulierung „...schlaflosen Traumes /..."[62] scheint in sich widersprüchlich zu sein.

Zwei Bildbrüche, sogenannte Katachresen, sind im vierzehnten und fünfzehnten Vers zu erkennen. Das Verb „...singt..."[63] und „...das alte Österreich /..."[64] beziehungsweise „...die Berge und Buchenwälder /..."[65] scheinen nicht zusammenzupassen. Es werden verschiedene Bilder angesprochen und miteinander vermischt. Durch diese Mischung entsteht ein Bild, das eine gewisse Doppeldeutigkeit enthält.

3. Interpretation des Gedichtes *Meine Nachtigall*[66]

Das Leitmotiv des Gedichtes *Meine Nachtigall*[67] ist die Erinnerung an die Mutter. Diese Erinnerung konstituiert die Identität des lyrischen Ichs, da die Identität einer Person größtenteils aus Erinnerungen besteht.[68]

An das Bild der Mutter ist die Sprachthematik in der Lyrik Rose Ausländers geknüpft. Die Mutter beeinflusste stark die Sprache der Autorin. Der Vater dagegen hatte eher in religiöser Hinsicht Einfluss auf die Tochter.

Mit der Erinnerung an die Mutter ist auch die Erinnerung an die alte Heimat verbunden. Das lyrische ich äußert in diesem Gedicht das starke Heimweh. Dieses Heimweh ist im übrigen „Grundton in vielen Ausländer Gedichten".[69]

---

[59] Ebd. Vers 12.
[60] Ebd. Vers 13-16.
[61] Ebd. Vers 16.
[62] Ebd. Vers 12.
[63] Ebd. Vers 14 / 15.
[64] Ebd. Vers 14.
[65] Ebd. Vers 15.
[66] Ausländer, Rose: *Blinder Sommer*. Frankfurt am Main 1965.
[67] Ebd.

Außerdem thematisiert Rose Ausländer kurz ihre Abstammung. Auch diese
Thematik steht in engen Zusammenhang mit den Erinnerungen an die Eltern und
deren Einfluß.

3.1. Die Sprachthematik

„Meine Mutter war das wunderbarste Wesen, dem ich je begegnet bin."[70] So
beschrieb Rose Ausländer einst ihre Mutter. Auch in dem Gedicht *Meine
Nachtigall*[71] ist die starke Bindung an die Mutter erkennbar. In *Meine Nachtigall*[72]
wird sie als Nachtigall dargestellt. Da die Nachtigall das Symbol für Poesie ist, ist
davon auszugehen, dass Rose Ausländers Lyrik stark von der Mutter beeinflusst
wurde. Dies zeigen auch die Gedichte *Mutter Sprache*[73] und *Mutterland*[74]. Die
Mutter konnte in Rose Ausländer das Interesse für Literatur erwecken. Dieses
Interesse war so stark, dass sie 1920 sogar das Studium der Literatur und
Philosophie aufnahm.

Etie Scherzer war eine „seltene harmonische Mischung aus Weisheit, Zartheit,
Güte, poetischem Feingefühl, Selbstlosigkeit und höchster Toleranz..."[75]. Der
korrekte Sprachgebrauch und die Auseinandersetzung mit Literatur war immer ein
wesentlicher Bestandteil der mütterlichen Erziehung. Das Sprachideal der Mutter
war beispielsweise ein Grund dafür, dass es Rose Ausländer in ihrer Kindheit
untersagt war mit anderen Kindern zu spielen. Etie Scherzer fürchtete unter
anderem, ihre Tochter könne sich den Dialekt der Kinder angewöhnen.[76]

Das Gedicht *Mutterland*[77] zeigt, welche Wirkung der Einfluss Eitie Scherzers auf
Rose Ausländer während der Kriegsjahre hatte.

Das „.... / Wort"[78] nennt das lyrische Ich „.... Mutterland /..."[79]. Da das
„...Vaterland..."[80] im Zweiten Weltkrieg zerstört wurde und keine Lebens-

---

[68] Vgl. Havryliv, Tymofiy: „*Wie werde ich": Die Erfindung des Ich im Werk der Lyrikerin Rose
Ausländer*. http://vdeutsch.eduhi.at/verlesungen/auslaender.pdf, 06.02.2005.
[69] vgl. Helfrich, Cilly: „*Es ist ein Aschensommer in der Welt." Rose Ausländer. Biografie.* Berlin
1995, Seite 24.
[70] Ebd. Seite 49.
[71] Ausländer, Rose: *Blinder Sommer*. Frankfurt am Main 1965.
[72] Ebd.
[73] Ausländer, Rose: *Doppelspiel*. Frankfurt am Main 1977.
[74] Ausländer, Rose: *Grüne Mutter Bukowina. Ausgewählte Gedichte und Prosa*. Aachen 2004.
[75] Helfrich, Cilly: „*Es ist ein Aschensommer in der Welt." Rose Ausländer. Biografie.* Berlin 1995,
Seite 49.
[76] Vgl. ebd. Seite 56.

beziehungsweise Überlebensmöglichkeit mehr bietet, bleibt nur noch der Rückzug in das „... Mutterland / Wort"[81]. „Schreiben war Leben. Überleben"[82] für Rose Ausländer in dieser schweren Zeit. Da sie ihrer Tochter das „...Mutterland / Wort"[83] schenkte, steht Etie Scherzer für physisches und psychische Überleben.[84] Unter Berücksichtigung dieser Hintergründe wird auch deutlich, welchen Verlust Rose Ausländer nach dem Tod Eitie Scherzer 1947 zu verkraften hatte.[85] Der Tod der Mutter führte zu einem psychischen, sowie physischen Zusammenbruch und schließlich zum zeitweiligen Sprachverlust Rose Ausländers.[86] Ein Jahr später beginnt Rose Ausländer wieder zu schreiben. Sie verfasst einige Gedichte in englischer Sprache, da es ihr nach den Erlebnissen des Zweiten Weltkrieges nicht mehr möglich ist auf deutsch zu schreiben. Erst 1956 hat sie diese Sprachkrise überstanden.[87] Das Gedicht *Meine Nachtigall*[88] ist eines ihrer ersten deutschsprachigen Gedichte nach dem Verlust der Muttersprache.

Trotz des enormen Einflusses der Mutter begibt sich Rose Ausländer in ihren Gedichten immer wieder auf die Suche nach ihrer eigenen Identität. Sie versucht auszubrechen aus diesem „...Mutterland / Wort", um eine eigene Sprache und sich selbst zu finden.[89]

In dem Gedicht *Mutter Sprache*[90], das erst lange nach dem Tod der Mutter erschien, kündigt sich nach einer langen Zeit der Trauer endlich die Loslösung von der Mutter an. Das lyrische Ich verkündet zu Beginn des Gedichtes: „Ich habe mich / in mich verwandelt /..."[91]. Es will damit sagen, dass es ihm endlich gelungen ist, eine eigene Sprache und damit eine von der Mutter unabhängige

---

[77] Ausländer, Rose: *Grüne Mutter Bukowina. Ausgewählte Gedichte und Prosa.* Aachen 2004.
[78] Ausländer, Rose: *Mutterland.* Vers 6. In: Dies.: *Grüne Mutter Bukowina. Ausgewählte Gedichte und Prosa.* Aachen 2004.
[79] Ebd. Vers 5.
[80] Ebd. Vers 1.
[81] Ebd. Vers 5-6.
[82] Helfrich, Cilly: *„Es ist ein Aschensommer in der Welt". Rose Ausländer. Biografie.* Berlin 1995, Seite 42.
[83] Ausländer, Rose: *Mutterland.* In: Dies.: *Grüne Mutter Bukowina. Ausgewählte Gedichte und Prosa.* Aachen 2004. Vers 5-6.
[84] Vogel, Harald; Gans, Michael: *Rose Ausländer lesen. Lesewege und Lesezeichen zum literarischen Werk.* Hohengehren 1997, Seite 28.
[85] Vgl. Köhl, Gabriele: *Die Bedeutung der Sprache in der Lyrik Rose Ausländers.* Pfaffenweiler 1993, Seite 328.
[86] Vgl. ebd. Seite 328-329.
[87] Vgl. Vogel, Harald; Gans, Michael: *Rose Ausländer lesen. Lesewege und Lesezeichen zum literarischen Werk.* Hohengehren 1997, Seite 117.
[88] Ausländer, Rose: *Blinder Sommer.* Frankfurt am Main 1965.
[89] Vgl. Helfrich, Cilly: *„Es ist ein Aschensommer in der Welt". Rose Ausländer. Biografie.* Berlin 1995, Seite 65.
[90] Ausländer, Rose: *Doppelspiel.* Frankfurt am Main 1977.

Identität zu finden. Die Tochter wurde von der Mutter geformt. Ihre Identität ist beeinflusst von der Erziehung der Mutter, was sich immer noch auf ihr Schreiben auswirkt. Rose Ausländer geht sogar noch weiter, indem sie schreibt: „...// Mutter Sprache / setzt mich zusammen //...“[92]. Die Sprache konstituiert den Menschen. Sie ist ein Identitätsmerkmal. Zu dieser Erfahrung musste Rose Ausländer während ihres Exils in Amerika von 1946 bis 1965[93] machen. Während der Sprachkrise verfasste Rose Ausländer Gedichte in englischer Sprache. Mit diesen Gedichten hatte sie allerdings nicht den selben Erfolg, wie mit ihrer deutschsprachigen Lyrik.

Im Hinblick auf die Sprachthematik ist außerdem nach den Auswirkungen der Erziehung des Vaters auf die Lyrik Rose Ausländers zu fragen.

Vater und Mutter können als „Synonyme ihres Doppellebens“[94] verstanden werden. Während die Mutter das philosophische und literarische Interesse der Tochter nährt, steht der Vater für ihr religiöses Bewußtsein.

Wie das Gedicht *Der Vater*[95] schildert, wurde Siegmund Scherzer religiös erzogen. Im Alter von siebzehn Jahren zieht es ihn in die Stadt Czernowitz, wo er dann Etie Binder trifft und sich schließlich niederlässt.[96]

Der Vater führt Rose Ausländer, aufgrund seiner eigenen Erziehung, in eine „jüdisch-mystische Erlebniswelt“[97] ein. Rose Ausländer hat zahlreiche Gedichte geschrieben, in denen sie sich mit ihrer Religion auseinandersetzt. Ihre jüdische Abstammung lässt Rose Ausländer auch in *Meine Nachtigall*[98] anklingen. Im dritten Abschnitt schreibt sie vom „...Zion der Ahnen /...“[99]. Sie verweist auf ihre jüdische Herkunft.

Gegen Ende der Kindheit verliert die Religion jedoch an Bedeutung. Somit verringert sich auch der Einfluss des Vaters auf die Tochter. Der Einfluss der

---

[91] Ausländer, Rose: *Mutter Sprache*. Vers 1-2. In: Dies.: *Doppelspiel*. Frankfurt am Main 1977.
[92] Ebd. Vers 6-7.
[93] Vgl. Vogel, Harald; Gans, Michael: *Rose Ausländer lesen. Lesewege und Lesezeichen zum literarischen Werk*. Hohengehren 1997, Seite 28
[94] Vgl. Ebd., Seite 28.
[95] Ausländer, Rose: *Grüne Mutter Bukowina. Ausgewählte Gedichte und Prosa*. Aachen 2004.
[96] Vgl. Helfrich, Cilly: „*Es ist ein Aschensommer in der Welt“. Rose Ausländer. Biografie*. Berlin 1995, Seite 46-48.
[97] Vogel, Harald; Gans, Michael: *Rose Ausländer lesen. Lesewege und Lesezeichen zum literarischen Werk*. Hohengehren 1997, Seite 28.
[98] Ausländer, Rose: *Blinder Sommer*. Frankfurt am Main 1965.
[99] Ausländer, Rose: *Meine Nachtigall*. Vers 13. In: Dies.: *Blinder Sommer*. Frankfurt am Main 1965.

Mutter dagegen wächst mit dem Interesse an Philosophie und Literatur im frühen Erwachsenenalter.[100]

Gleiches gilt für die Bindung an den Vater. In ihrer frühen Kindheit, als Religion noch eine besondere Bedeutung für sie hatte, fühlte sich Rose Ausländer stärker zu ihrem Vater hingezogen. Später, während ihrer Schul- und Studienzeit, wird diese enge Bindung auf die Mutter übertragen.[101]

Folglich kann man sagen, dass Siegmund Scherzer Rose Ausländers Lyrik, im Gegensatz zur Mutter, lediglich auf inhaltlicher Ebene beeinflußte. Während Etie Scherzer ihre Tochter in das Schreiben einführte und ihr das Schreiben beibrachte, lieferte ihr die religiöse Erziehung des Vaters Inhalte, über die sie schreiben konnte.

3.2. Die Heimatthematik

Einen sehr großen Einfluss auf das Schreiben Rose Ausländers hatte ihre Heimat. Die Autorin stammt aus der Bukowina, eine Landschaft in den Kaparten. Die Hauptstadt der Bukowina ist Czernowitz, wo Rose Ausländer am 11. Mai 1901 geboren wurde. Bukowina ist ein Grenzland, das schon seit jeher von außen kommenden Einflüssen ausgesetzt war. Aufgrund seiner geringen Größe konnte sich in Bukowina keine eigenständige Kultur entwickeln.[102] Rose Ausländer wuchs also in einem Gebiet des Übergangs und der Begegnung östlicher und westlicher Welten auf.[103]

Nachdem Bukowina über 250 Jahre zum Osmanischen Reich gehörte, wurde es 1775 an Österreich angeschlossen. Unter Joseph II. herrschte in dieser Region Religionsfreiheit, was zahlreiche russische Juden dazu veranlasste, nach Bukowina zu ziehen.[104] Bis zum Zweiten Weltkrieg setzte sich die Bevölkerung Bukowinas daher aus vielen verschiedenen Völkern zusammen. Nach dem Ersten Weltkrieg ging Bukowina an Rumänien. Damit erhielt die Region eine neue

---

[100] Vgl. Helfrich, Cilly: *„Es ist ein Aschensommer in der Welt".* Rose Ausländer. Biografie. Berlin 1995, Seite 55.
[101] Vgl. ebd. Seite 52.
[102] Vgl. ebd. Seite 13.
[103] Vgl. ebd. Seite 14-15.
[104] Vgl. ebd. Seite 16.

Landessprache, was aber nicht verhinderte, dass das Deutsche weiterhin die Umgangssprache der Bevölkerung blieb.[105]

In *Meine Nachtigall*[106] wird die Heimat im dritten Abschnitt erwähnt. Dass die Bukowina in Vers Vierzehn „...das alte Österreich /..."[107] genannt wird, hängt mit dem Elternhaus der Autorin zusammen. Zu allen Zeiten zählte sich die Familie zur Bevölkerung Österreichs. Insbesondere der Vater war sehr kaisertreu.[108]

Welchen Einfluß die Sprachvarietäten in der Bukowina auf das Schreiben der Autorin hatten, zeigen die Gedichte *Bukowina II*[109] und *Bukowina III*[110]. In den Gedichten spricht das lyrische Ich von „.../ viersprachig verbrüderte[n] / Lieder[n] /..."[111] oder von „.../ Vier Sprachen /..."[112] und betitelt darüber hinaus die Bukowina als „Landschaft die mich / erfand //..."[113] oder „Grüne Mutter / Bukowina /..."[114].

Die Autorin bemerkte in dieser Umgebung schon früh, dass Sprache mehr als nur ein Verständigungsmittel ist. Sie ist ein Identitätsmerkmal, was Rose Ausländer auch in *Mutter Sprache*[115] zum Ausdruck bringt. Hinsichtlich der Poetik ist dies eine wichtige Erkenntnis.

In Czernowitz lernte die Lyrikerin außerdem, dass jede Sprache ein anderes Weltverständnis vermittelt[116] und dennoch lebten in der Bukowina „...// Menschen / die sich verstehn"[117].

In der Bukowina hatte Rose Ausländer Kontakt zu Menschen verschiedener Nationalitäten. Sie erhielt einen Einblick in die verschiedenen Lebensweisen und Weltanschauungen. Durch diese Einblicke in zahlreiche Kulturen erlangte Rose

---

[105] Vgl. ebd. Seite 22.
[106] Ausländer, Rose: *Blinder Sommer*. Frankfurt am Main 1965.
[107] Ausländer, Rose: *Meine Nachtigall*. Vers 14. In: Dies.: *Blinder Sommer*. Frankfurt am Main 1965.
[108] Vgl. Helfrich, Cilly: *„Es ist ein Aschensommer in der Welt".* Rose Ausländer. *Biografie*. Berlin 1995, Seite 50.
[109] Ausländer, Rose: *Grüne Mutter Bukowina. Ausgewählte Gedichte und Prosa*. Aachen 2004.
[110] Ebd.
[111] Ausländer, Rose: *Bukowina II*. Vers 7-8. In: Dies.: *Grüne Mutter Bukowina. Ausgewählte Gedichte und Prosa*. Aachen 2004.
[112] Ausländer, Rose: *Bukowina III*. Vers 15. In: Dies.: *Grüne Mutter Bukowina. Ausgewählte Gedichte und Prosa*. Aachen 2004.
[113] Ausländer, Rose: *Bukowina II*. Vers 1. In: Dies.: *Grüne Mutter Bukowina. Ausgewählte Gedichte und Prosa*. Aachen 2004.
[114] Ausländer, Rose: *Bukowina III*. Vers 1-2. In : Dies.: *Grüne Mutter Bukowina. Ausgewählte Gedichte und Prosa*. Aachen 2004.
[115] Ausländer, Rose: *Doppelspiel*. Frankfurt am Main.
[116] Vgl. Helfrich, Cilly: *„Es ist ein Aschensommer in der Welt".* Rose Ausländer. *Biografie*. Berlin 1995, Seite 22.
[117] Ausländer, Rose: *Bukowina III*. Vers 17-18. In: Dies.: *Grüne Mutter Bukowina. Ausgewählte Gedichte und Prosa*. Aachen 2004.

Ausländer eine Weltoffenheit, die sich auf der inhaltlichen Ebene ihrer Gedichte niederschlägt.

3.3. Die Abstammungsthematik

Die Abstammungsthematik in Rose Ausländers Gedichten ist eng an die Erfahrungen im Zweiten Weltkrieg geknüpft. Ihre jüdische Abstammung wurde durch die nationalsozialistische Ideologie zum Anlass des Leids, das sie während dem Krieg erfahren musste. Dennoch verleugnet Rose Ausländer ihre Abstammung in ihren Gedichten nicht. In *Meine Nachtigall*[118] weist Rose Ausländer auf ihre Abstammung hin, indem sie vom „...Zion der Ahnen /..."[119] schreibt. Damit stellt sie sich bewußt in eine vom Nationalsozialismus verfolgte Ahnenfolge.

Ein wesentlicher Teil der Abstammungsthematik ist der Einfluss des Weltkrieges auf das Schreiben von Rose Ausländer. In dem Gedicht *Mutterland*[120] erzählt das lyrische Ich, dass sein „...Vaterland.../.../ im Feuer //..."[121] „...begraben /..."[122] wurde. Das „...Vaterland ist tot /..."[123]. Aus diesem Grund muss sich die Autorin in ihr „...Mutterland / Wort"[124] zurückziehen. Das Schreiben bedeutete in dieser Zeit Überleben. Es verhinderte die Selbstaufgabe und hatte einen heilenden Charakter. Das Verfassen von Gedichten kann mit dem Schreiben eines Tagebuches verglichen werden. Durch das Schreiben kann das Erlebte verarbeitet und zum Teil auch bewältigt werden. In der Lyrik, die Rose Ausländer nach dem Zweiten Weltkrieg verfasste, findet eine „wesentlich intensivere Verarbeitung von Biographischem"[125] statt. Während des Krieges hatte Rose Ausländer folglich gelernt, sich mit ihrem eigenen Leben und ihrer Abstammung in dichterischer Form auseinanderzusetzen.

---

[118] Ausländer, Rose: *Blinder Sommer*. Frankfurt am Main 1965.
[119] Ausländer, Rose: *Meine Nachtigall*. Vers 13. In: Dies.: *Blinder Sommer*. Frankfurt am Main 1965.
[120] Ausländer, Rose: *Grüne Mutter Bukowina. Ausgewählte Gedichte und Prosa*. Aachen 2004.
[121] Ausländer, Rose: *Mutterland*. Vers 1/3. In: *Grüne Mutter Bukowina. Ausgewählte Gedichte und Prosa*. Aachen 2004.
[122] Ebd. Vers 2.
[123] Ebd. Vers 1.
[124] Ebd. Vers 5-6
[125] Köhl, Gabriele: *Die Bedeutung der Sprache in der Lyrik Rose Ausländers*. Pfaffenweiler 1993, Seite 270.

Erst nach dem Zweiten Weltkrieg wurden die Auswirkungen der Kriegserlebnisse auf das Schreiben der Autorin offensichtlich. Ein Schreiben, wie vor dem Kriegsbeginn, war nicht mehr möglich. Das erlebte Schrecken mußte in Gedichten verarbeitet werden. Themen, die vor dem Krieg in Gedichten behandelt wurden, schienen belanglos im Vergleich mit den Themen, die die Menschheit nach dem Krieg beschäftigten. Man konnte nicht ohne Weiteres zum Alltag zurückkehren. Das Erlebte musste verarbeitet und der Öffentlichkeit zugänglich gemacht werden.

Während des Zweiten Weltkrieges musste Rose Ausländer in die USA auswandern.[126] Auch diese Phase beeinflusste ihr Schreiben stark. Aufgrund ihrer jüdischen Abstammung, musste die Autorin ihre Heimat, sowie ihre Familie zurück lassen, um in Amerika ein neues Leben zu beginnen. Diese Erfahrungen verarbeitet Rose Ausländer insbesondere in ihren Exilgedichten.

4. Resümee

Rose Ausländers Schreiben wurde von zahlreichen Aspekten beeinflusst. Die Auswirkungen des Zweiten Weltkrieg sind zweifelsohne ein wichtiger poetologischer Aspekt. Dennoch darf nicht vergessen werden, dass die Mutter, die Sprachenvielfalt der Bukowina und die Abstammung einen ebenso großen und wichtigen Einfluss auf das Schreiben Rose Ausländers hatten.

Das Sprachideal der Mutter formte das Schreiben Rose Ausländers wohl am offensichtlichsten. Noch lange nach dem Tod der Mutter wirkt ihre Erziehung in Rose Ausländers Schreiben fort.

Doch auch die Sprachenvielfalt der Bukowina formte das Schreiben der Lyrikerin. Dass Rose Ausländer schon in frühester Kindheit mit verschiedenen Sprachen konfrontiert war, ermöglichte ihr wichtige Erkenntnisse, die ihre Poetik maßgeblich beeinflussten. Jede Sprache ermöglicht einen anderen Zugang zur Wirklichkeit. Diese Erfahrung musste Rose Ausländer auch während der Zeit in Amerika machen. Es gelang ihr nicht erfolgreich Gedichte in englischer Sprache zu verfassen.

---

[126] Vogel, Harald; Gans, Michael: *Rose Ausländer lesen. Lesewege und Lesezeichen zum literarischen Werk.* Hohengehren 1997, Seite 117.

Der Zweite Weltkrieg hatte starken Einfluss auf das Schreiben zahlreicher Autoren und Autorinnen dieser Zeit. Dies trifft auch auf Rose Ausländer zu. Nach dem Krieg war sie ebenfalls an der Debatte über Lyrik nach Auschwitz beteiligt. Wie viele andere Lyriker und Lyrikerinnen, zeigte auch Rose Ausländer, dass das Verfassen von Gedichten nach dem Zweiten Weltkrieg möglich und darüber hinaus auch notwendig ist.

5. Literatur- und Quellenangaben

- Ausländer, Rose: *Blinder Sommer.* Frankfurt am Main 1965.
- Ausländer, Rose: *Grüne Mutter Bukowina. Ausgewählte Gedicht und Prosa.* Aachen 2004.
- Ausländer, Rose: *Doppelspiel.* Frankfurt am Main 1977.
- Braun, Helmut: *Worte stark wie der Atem der Erde. Beiträge zu Leben und Werk der jüdischen Dichterin Rose Ausländer.* Trier 1994.
- Burdorf, Dieter: *Einführung in die Gedichtanalyse.* Stuttgart 1995.
- Havryliv, Tymofiy: *„Wie werde ich": Die Erfindung des Ich im Werk der Lyrikerin Rose Ausländer.* http://vdeutsch.eduhi.at/verleseungen/auslaender.pdf, 06.02.2005.
- Helfrich, Cilly: *„Es ist ein Aschensommer in der Welt."* Rose Ausländer. *Biographie.* Berlin 1995.
- Köhl, Gabriele: *Die Bedeutung der Sprache in der Lyrik Rose Ausländers.* Pfaffenweiler 1993.
- Lehmann, Annette Jael: *Im Zeichen der Shoah. Aspekte der Dichtungs- und Sprachkrise bei Rose Ausländer und Nelly Sachs.* Tübingen 1999.
- Vogel, Harald: *Rose Ausländer lesen: Lesewege – Lesezeichen zum literarischen Werk.* Hohengehren 1997.

6. Anhang

Meine Nachtigall

1 Meine Mutter war einmal ein Reh
2 Die goldbraunen Augen
3 die Anmut
4 blieben ihr aus der Rehzeit.

6 Hier war sie
7 halb Engel halb Mensch -
8 die Mitte war Mutter
9 Als ich sie fragte was sie gern geworden wäre
10 sagte sie: eine Nachtigall

11 Jetzt ist sie eine Nachtigall
12 Nacht um Nacht höre ich sie
13 im Garten meines schlaflosen Traumes
14 Sie singt das Zion der Ahnen
15 sie singt das alte Österreich
16 sie singt die Berge und Buchenwälder
17 der Bukowina
18 Wiegenlieder
19 singt mir Nacht um Nacht
20 meine Nachtigall
21 im Garten meines schlaflosen Traumes

Aus: Rose Ausländer: *Blinder Sommer*. Frankfurt am Main 1965.

Mutter Sprache

1 Ich habe mich
2 in mich verwandelt
3 von Augenblick zu Augenblick

4 in Stücke zersplittert
5 auf dem Wortweg

6 Mutter Sprache
7 setzt mich zusammen

8 Menschmosaik

Aus: Rose Ausländer: *Doppelspiel.* Frankfurt am Main 1977.

Mutterland

1 Mein Vaterland ist tot

2 sie haben es begraben

3 im Feuer

4 Ich lebe

5 in meinem Mutterland

6 Wort

Aus: Rose Ausländer: *Grüne Mutter Bukowina. Ausgewählte Gedichte und Prosa.* Aachen 2004.

Der Vater

1 Am Hof des Wunderrabbi von Sadagora
2 lernte der Vater die schwierigen Geheimnisse
3 Seine Ohrlocken läuteten Legenden
4 in den Händen hielt er den hebräischen Wald

5 Bäume aus heiligen Buchstaben streckten Wurzeln
6 von Sadagora bis Czernowitz
7 Der Jordan mündete damals in den Pruth –
8 magische Melodien im Wasser
9 Der Vater sang sie lernte und sang das
10 Erbe der Ahnen verwuchs mit
11 Wald und Gewässern

12 Hinter den Weiden neben der Mühle
13 stand die geträumte Leiter
14 an den Himmel gelehnt
15 Jakob nahm auf den Kampf mit den Engeln
16 immer siegte sein Wille

17 Von Sadagora nach Czernowitz und
18 zurück zum Heiligen Hof gingen die Wunder
19 nisteten sich ein im Gefühl
20 Der Knabe erlernte den Himmel kannte die
21 Ausmaße der Engel ihre Distanzen und Zahl
22 war bewandert im Labyrinth der Kabbala

23 Einmal wollte der Siebzehnjährige
24 die andere Seite sehn
25 ging in die weltliche Stadt
26 verliebte sich in sie
27 blieb an ihr haften

Aus: Rose Ausländer: *Grüne Mutter Bukowina. Ausgewählte Gedichte und Prosa.*
Aachen 2004.

Bukowina II

1 Landschaft die mich
2 erfand

3 wasserarmig
4 waldhaarig
5 die Heidelbeerhügel
6 honigschwarz

7 Viersprachig verbrüderte
8 Lieder
9 in entzweiter Zeit

10 Aufgelöst
11 strömen die Jahre
12 ans verflossene Ufer

Aus: Rose Ausländer: *Grüne Mutter Bukowina. Ausgewählte Gedichte und Prosa.*
Aachen 2004.

Bukowina III

1 Grüne Mutter
2 Bukowina
3 Schmetterlinge im Haar

4 Trink
5 sagt die Sonne
6 rote Melonenmilch
7 weiße Kukuruzmilch
8 ich machte sie süß

9 Violette Föhrenzapfen
10 Luftflügel Vögel und Laub

11 Der Karpatenrücken
12 väterlich
13 lädt dich ein
14 dich zu tragen

15 Vier Sprachen
16 Viersprachenlieder

17 Menschen
18 die sich verstehn

Aus: Rose Ausländer: *Grüne Mutter Bukowina. Ausgewählte Gedichte und Prosa.*
Aachen 2004.